Spannende Piratenabenteuer
für Erstleser

Spannende Piratenabenteuer für Erstleser

Mit Fragen zum Leseverständnis

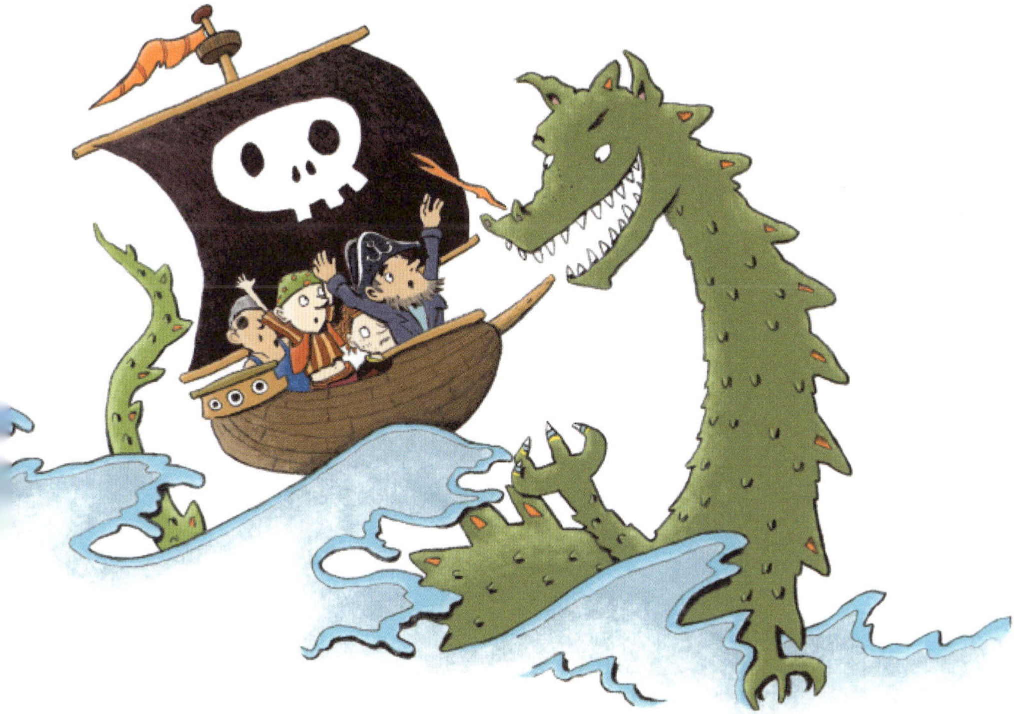

Ein Verlag in der westermann GRUPPE

Der Bücherbär
1. Auflage 2021

Rottendorfer Straße 16, 97074 Würzburg
Dieser Sammelband enthält die Einzeltitel: „Der kleine Pirat und das Seeungeheuer“, „Abenteuerinsel-Geschichten“ und „Piratengeschichten“

Texte: Sarah Bosse, Frauke Nahrgang
Innenillustrationen: Irmgard Paule, Dorothee Mahnkopf
Cover: Dorothee Mahnkopf

Gesamtherstellung: Westermann Druck Zwickau GmbH
Printed in Germany

ISBN 978-3-401-71771-5

Besuche den Arena Verlag im Netz:
www.arena-verlag.de

Inhaltsverzeichnis

Sarah Bosse
wurde 1966 in Düsseldorf geboren. Sie studierte in Münster Germanistik, Nordistik und Soziologie. Sarah Bosse lebt heute mit ihrer Familie in Billerbeck im Münsterland und arbeitet als freie Autorin und Übersetzerin.

Irmgard Paule
arbeitet seit dem Studium für Gestaltung als freie Grafikerin in der Werbebranche und ist seit 1998 als freischaffende Illustratorin tätig.

Sarah Bosse

Der kleine Pirat und das Seeungeheuer

Bilder von Irmgard Paule

Der Stinkesturm

Schmunzelpaul lümmelt
an Deck der „Tante Martha“.
Die „Tante Martha“ ist
ein Piratenschiff.
Und Schmunzelpaul ist
ein Piratensohn.
Er lässt sich die Nase
von der Sonne bescheinen
und schmunzelt vor sich hin.
Er freut sich nämlich,
weil die „Tante Martha“
auf dem Weg
zu einer Schatzinsel ist.

Es ist Schmunzelpauls
erste Piratenfahrt.
Piraten-Paula hockt
vor ihrer großen Schatzkiste
und zählt die Schätze.

Piraten-Paula ist
eine gefährliche
Piraten-Kapitänin.
Außerdem ist sie
Schmunzelpauls Mama.
Ihr schwarzes Haar
flattert im Wind.
Die großen Ohrringe
klimpern leise.

Piraten-Paula zählt:
„97 Edelsteine, 98 Edelsteine …
Verflixt! Ich hab mich verzählt!“
Sie seufzt
und fängt von vorne an:
„Ein Edelstein, zwei Edelsteine …“
Am Steuer-Ruder steht
der dicke Plauzen-Päule.
Er ist Schmunzelpauls Papa.

Plauzen-Päule prostet Piraten-Paula
mit einem Becher Rum zu
und ruft: „Vielleicht solltest du
mich zählen lassen!“
Piraten-Paula schüttelt den Kopf.
„Jetzt hast du mich wieder
durcheinandergebracht!“,
knurrt sie ärgerlich.
„Ein Edelstein, zwei Edelsteine …“
Schmunzelpaul schmunzelt.
So sind sie eben, meine Eltern!,
denkt er.

Doch was ist das?
Die „Tante Martha“ segelt
mitten in eine grün-lila Wolke.
Es donnert und blubbert.
Und es stinkt erbärmlich!
Schmunzelpaul hält sich
die Nase zu.
Hat Plauzen-Päule sich
die Piratenstiefel ausgezogen?
Probiert Smutje Alfred
ein neues Rezept?
Jetzt ist es Schmunzelpaul
gar nicht mehr
nach Schmunzeln zumute.
Piraten-Paula klemmt sich
eine Goldspange
aus ihrer Schatzkiste
auf die Nase.

„Schmuntedpaud!“,
näselt sie
durch den grün-lila Nebel.
„Wat ist hia lot?“
Vollmatrose Anton hängt
wie ein nasser Sack
im Ausguck.

„Kannst du was sehen, Anton?“,
ruft Schmunzelpaul hinauf.
Aber Anton winkt nur schwach
mit einer Hand.
Er ist käseweiß im Gesicht.

Plauzen-Päule klammert sich
ans Steuer-Ruder.
Er jammert:
„Ooooh, mir ist so schläächt!"
Und kippt
noch einen Becher Rum.
Smutje Alfred wankt
übers Deck.
„Was für ein übler Gestank!",
flucht er und steckt sich
zwei Zimtstangen
in die Nasenlöcher.

Nur Leichtmatrose Adalbert
schlummert
auf einem Haufen Taue.
Er hat mal wieder
zu viel Himbeersirup getrunken.
Davon kriegt er immer
süße Träume.
„Gglz, brbl“, macht er im Schlaf
und leckt sich die Lippen.
Schmunzelpaul stellt
messerscharf fest:
„Piraten-Paula,
deine Mannschaft ist
ganz schön im Eimer!“
So hatte er sich
seine erste Piratenfahrt
nicht vorgestellt!

Bauchschmerzen sind schlimm!

Schmunzelpaul versucht
nachzudenken.
Das ist gar nicht so einfach.
Bei dem Gestank!
Ob das die Modderwinde
von den Fango-Inseln sind?
Aber der Nebel steigt eindeutig
aus dem Meer.
Die Modderwinde können
das nicht sein.

Plötzlich zeigt
Vollmatrose Anton
hinaus aufs Meer.
„Monster voraus!“, ruft er.
Schmunzelpaul traut
seinen Augen nicht.
Ein riesiges Seeungeheuer
taucht aus dem Meer!

„Rette sich, wer kann!“,
kreischen die Piraten
durcheinander.
Doch da trommelt sich
das Seeungeheuer
auf den Bauch
und stöhnt jämmerlich.
Es donnert.
Die „Tante Martha“
verschwindet im Stinkenebel.

Schmunzelpaul bindet schnell
sein Halstuch vors Gesicht
und klammert sich an die Reling.
Mit diesem Seeungeheuer
stimmt was nicht.
Das ist offensichtlich.
Und offenriechlich!
„Schmuntedpaud“,
näselt Piraten-Paula verzweifelt,
„lad dia wad einfalled!“
Schmunzelpaul nimmt
allen Mut zusammen.
„He, Seeungeheuer!“, ruft er.
„Wer bist du?
Und was treibst du da?“
„Ich bin ein Laluwab!“,
jammert das Seeungeheuer.
„Und mir ist schrecklich schlecht!“

„Stinken Laluwabs immer so?“,
will Schmunzelpaul wissen.
Da kullern dem Laluwab
zwei dicke Tränen
über die Backen.
„Niemals. Eigentlich“,
ächzt das Laluwab.
„Aber ich hab
eine ganze Schiffsladung
Hackfleisch-Bällchen
gegessen!“
Smutje Alfred schüttelt
den Kopf. „Ts, ts“, macht er.
„Wie unvernünftig!“
Dann steigt schon wieder
eine grün-lila Wolke auf.
„Ich hab solches Bauchweh!“,
jammert das Laluwab.

„Dieses Seeungeheuer
ist der schlimmste Pupser
der Weltmeere!“,
stellt Schmunzelpaul fest.
„Dem Laluwab
muss geholfen werden!“
„Und uns!“,
stöhnen die übrigen Piraten
in allen Tonlagen.

Plauzen-Päule behauptet:
„Gegen Bauchweh hilft
nur eins: Rum!“
Smutje Alfred will
Fencheltee kochen.
Und Leichtmatrose Adalbert
würde bestimmt
seine letzte Flasche
Himbeersirup opfern.
Wenn er wach wäre.
Da schmunzelt Schmunzelpaul:
„Ich weiß was Besseres!“
Schon spurtet er unter Deck
und ist im Nu wieder da.
Strahlend schwingt er
seine Geige und ruft:
„Dass ich darauf
nicht eher gekommen bin!“

Er stimmt ein Lied an.
Wunderschön schräg
und wunderschön schaurig.
Die Piraten stimmen mit ein.
Schräg singen,
das können sie prima.
Und das Laluwab?
Genüsslich schaukelt es
auf den Wellen und lächelt.
„Aah – tut das gut!“
Das Laluwab streichelt
seinen Bauch
und säuselt verzückt:
„Spiel noch was, Piratensohn!“

„Aber nur, wenn du versprichst,
nie wieder
Hackfleisch-Bällchen zu fressen!“,
sagt Schmunzelpaul.
„Großes Seeungeheuer-Ehrenwort“,
versichert das Laluwab.
„Das werde ich dir nie vergessen,
Piratensohn!“
Eine frische Brise verweht
das letzte Wölkchen Stinkenebel.
Piraten-Paula nimmt endlich
die Goldspange von der Nase.
Stolz legt sie Schmunzelpaul
den Arm um die Schulter.
„Wie bist du nur auf diese
tolle Idee gekommen?“,
fragt sie.
Schmunzelpaul schmunzelt.

„Wenn ich als Baby
Bauchweh hatte,
habt ihr auch immer
für mich gesungen!“,
erklärt er.
„Schmunzelpaul – hurra!“,
donnert die Mannschaft
im Chor.
Schmunzelpaul klatscht
in die Hände.
„Und jetzt auf zur Schatzinsel!
Volle Fahrt voraus!“

So macht das keinen Spaß!

„Land in Sicht!“, ruft Anton vom Ausguck.
Piraten-Paula schaut durch ihr Fernrohr.
„Die Bewohner der Schatzinsel erwarten uns wohl schon“, knurrt sie angriffslustig.
„Stehen alle Mann hoch am Strand.
Na, die können was erleben.“
Sogar Leichtmatrose Adalbert ist jetzt hellwach.

Er lässt das Ruderboot zu Wasser.
Schon rudern die Piraten
zum Strand.
Natürlich bis an die Zähne
bewaffnet.
Schmunzelpaul kann es
kaum erwarten.
Er sitzt ganz vorne im Bug
und späht zum Strand.
Doch plötzlich ruft er:
„He! Schaut mal!
Was ist denn mit denen los?!“

Die Insulaner sitzen im Sand
und heulen!
Einige schimpfen
wie alte Fischweiber.
Um die gefährlichen Piraten
kümmern sie sich gar nicht.
„Die wollen gar nicht kämpfen!“,
stellt Plauzen-Päule
betreten fest.
Piraten-Paula springt an Land
und zückt das Entermesser.

„Verteidigt euch!“, ruft sie.
„Wir wollen
euren Schatz rauben!“
Aber die Insulaner schluchzen
zum Steinerweichen.

Schmunzelpaul ist
mächtig enttäuscht.
Seinen ersten Piratenüberfall
hat er sich
ein bisschen anders vorgestellt.
„Los, ihr schlappen Socken!“,
zischt Piraten-Paula.
„So macht das keinen Spaß!“

Endlich mischt sich Schmunzelpaul ein.
„Was ist denn eigentlich los hier?“, fragt er.
„Ach“, schnieft der kleine dicke Insulaner-Häuptling.
„Der Schwarze Korsar war da.
Er hat unsere Kinder entführt.“
Ein großer Dünner zeigt aufs Meer hinaus.
„Da draußen liegt sein Schiff.
Auf der anderen Seite der Insel.
Da hält er sie gefangen.“

„Und warum tut er das?“,
will Schmunzelpaul wissen.
„Der will auch
unseren Schatz haben“,
erklärt der kleine dicke Häuptling.
„Er sagt, dann kriegen wir
die Kinder wieder.“
„Aber wir trauen ihm nicht“,
fügt der lange Dünne hinzu.
„Er nimmt bestimmt den Schatz
und die Kinder auch!
Und die verkauft er dann
an seine Piratenkumpane.
Als billige Leichtmatrosen.“
Schmunzelpaul denkt nach.
„Den Leuten muss
geholfen werden“,
stellt er messerscharf fest.

Aber wie?
Doch Schmunzelpaul ist
ein Piratensohn.
Deshalb fällt ihm auch
gleich eine Lösung ein.
Er schmunzelt zufrieden.
„Ich hab's, Leute!", ruft er.
„Ich brauch das Ruderboot."
Schon hechtet er hinein
und rudert
zur anderen Seite der Insel.
Die Piraten schauen ihm
ratlos hinterher.
Schmunzelpaul verschwindet
hinter einem Felsen.
Nur seine Geige
hat er mitgenommen.

Gerettet!

Ein Glück,
dass ich meine Geige hab!,
denkt Schmunzelpaul.
Jetzt stimmt er ein Lied an.
Wunderschön schräg
und wunderschön schaurig.
Schon kräuselt sich
das spiegelglatte Meer.
Das Laluwab reckt den Kopf
aus dem Wasser.
Es säuselt verzückt:
„Spiel noch was, Piratensohn!“

„Später!“, ruft Schmunzelpaul.
„Erst brauch ich deine Hilfe!“
Er zeigt auf das Schiff
des Schwarzen Korsaren.
„Kannst du auch
ohne Hackfleisch-Bällchen
stinken?“
Das Laluwab streichelt
seinen Bauch und überlegt.
„Du musst!“,
erklärt Schmunzelpaul eifrig.
„Der Schwarze Korsar hat
die Insulaner-Kinder geraubt!“

„Ich schulde dir einen Gefallen“,
sagt das Laluwab.
Grinsend zeigt es
seine säbelscharfen Zähne.
„Diesen Schwarzen Heini
knöpf ich mir mal vor.“
Schon verschwindet es
in den Wellen.

Entschlossen
bindet sich Schmunzelpaul
das Halstuch vors Gesicht.
Vorsichtig rudert er
zum Schiff
des Schwarzen Korsaren.
Die Mannschaft
hat wohl gerade
ein Fass Rum geleert.
Grölend hocken die Piraten
in der Takelage.

„Die sind so gefährlich
wie eine Herde Seepferdchen!“,
schmunzelt Schmunzelpaul.
Doch da hört er
die Kinder schluchzen.
Der Schwarze Korsar
steht am Steuer-Ruder,
fuchtelt mit dem Säbel
und brüllt:
„Faules Pack!
Schneller schrubben,
ihr Inselzwerge!
Das Deck muss glänzen
wie mein Goldzahn!“
Nun aber schnell!,
denkt Schmunzelpaul.
Da taucht das Laluwab
aus dem Wasser.

Es reckt
seinen mächtigen Hals
und zeigt grollend
die Zähne.
„Uaaah!“,
brüllt der Schwarze Korsar
und will den Säbel zücken.
Da hört Schmunzelpaul
das wohlbekannte Donnern.
Eine grün-lila Wolke steigt
aus dem Meer.
Die wedelt das Laluwab
dem Schwarzen Korsaren
direkt ins Gesicht.
Mit einem grässlichen Schrei
stürzt der Schwarze Korsar
aufs Deck.
Er ist in Ohnmacht gefallen.

Seine Mannschaft
lacht sich krumm und schief.
Die Matrosen halten das Ganze
für einen Riesenspaß.
„Schnell! Hierher!“,
ruft Schmunzelpaul
den Kindern zu.
Er wirft eine Strickleiter
über die Reling.

Zehn Kinder klettern
ins Boot hinab.
Es wird ganz schön eng.
„Danke schön, Laluwab!“,
ruft Schmunzelpaul.
„Danke schön, Laluwab!“,
rufen die Kinder im Chor.
„Und dir auch, Piratensohn!“,
sagt eines der Mädchen.

Schmunzelpaul wird
ein bisschen rot.
„Kein Problem“,
schmunzelt er verlegen.
Und dann rudert er
so schnell wie noch nie.
Auf einmal hören sie
den Schwarzen Korsaren
fluchen.
Der ist offenbar
wieder aufgewacht.
„Das sollt ihr mir büßen!“,
brüllt der Schwarze Korsar.
Doch dann dreht er
sein Schiff bei.
Am Strand gibt es
eine rührende Begrüßung.
Alle Kinder sind wieder da!

Gesund und munter.
Diesmal heulen die Insulaner
vor Freude.
Der kleine dicke Häuptling
erklärt feierlich:
„Zum Dank wollen wir euch
unseren Schatz geben!“

„Macht euch keine Umstände!“,
winkt Piraten-Paula ab.
„Einen Schatz holen
so ganz ohne Kampf –
das geht
gegen unsere Piratenehre.“
Plauzen-Päule stimmt zu:
„Wir suchen uns lieber
eine andere Schatzinsel.“
Schmunzelpaul ist
ein bisschen enttäuscht.
Von seiner ersten Piratenfahrt
hätte er gerne
einen Piratenschatz mitgebracht.
Piraten-Paula steckt
das Entermesser in den Gürtel.
„Alle Mann zurück zum Schiff!“,
befiehlt sie.

„Macht's gut, Insulaner.
Und passt demnächst besser
auf eure Kinder auf!"

Am Abend sitzen die Piraten
an Deck der „Tante Martha“.
Smutje Alfred hat
ein scharfes Süppchen gekocht.
Piraten-Paula freut sich
auf die nächste Fahrt.
Plauzen-Päule gönnt sich
einen Becher Rum.

Vollmatrose Anton träumt
von seiner Geliebten
in der Heimat.
Leichtmatrose Adalbert träumt
süße Träume.

Nur Schmunzelpaul denkt
an die Inselkinder
und an das Laluwab.
Und wie schlimm
Bauchschmerzen sein können.
„Gut, dass ich
meine Geige habe!“,
schmunzelt er zufrieden.

Frauke Nahrgang,
geboren in Stadtallendorf, hat sich als Kinderbuchautorin einen Namen gemacht. Sie war Grundschullehrerin und beschäftigt sich schon seit vielen Jahren mit dem Erstleseunterricht.

Irmgard Paule
arbeitet seit dem Studium für Gestaltung als freie Grafikerin in der Werbebranche und ist seit 1998 als freischaffende Illustratorin tätig.

Frauke Nahrgang

Abenteuerinsel-Geschichten

Mit Fragen zum Leseverständnis

Bilder von Irmgard Paule

Inhalt

Ein besonders netter Schatz

Eine Insel!
Begeistert lässt Kapitän Grausegrimm
sein Fernrohr sinken.
Gerade ist ihm eine besondere
Gemeinheit eingefallen.
„Zeisig!“, brüllt er.
Schlotternd tritt
der kleine Schiffsjunge vor.
„Du wirst auf dieser Insel
nach einem Schatz graben.
Aber wehe, wenn du
bis heute Abend keinen findest!
Dann werfen wir dich
den hungrigen Haien zum Fraß vor.“
Dem armen Zeisig hilft
kein Betteln und Flehen.

Die Piraten setzen ihn
auf der Insel aus
und segeln mit Gejohle davon.
Bis zum Abend!
Wie soll Zeisig so schnell
einen Schatz finden?
Er buddelt im Sand.
Er gräbt bei den Palmen.
Er kriecht durchs Gebüsch
und schaut unter jeden Stein.
Aber einen Schatz findet er nicht.
Schon geht die Sonne unter.

Bald werden
die Piraten zurückkommen.
Zeisig schlägt die Hände
vors Gesicht und weint bitterlich.
Plötzlich hört er eine Stimme:
„Willkommen auf meiner Insel!“
Zeisig blinzelt erschrocken.
Vor ihm steht ein Junge.
Der sagt freundlich:

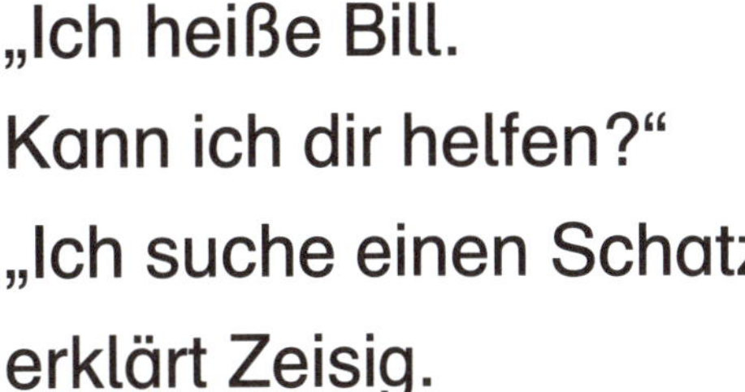

„Ich heiße Bill.
Kann ich dir helfen?“
„Ich suche einen Schatz!“,
erklärt Zeisig.

Bill schüttelt verwundert den Kopf.
„Schätze gibt es hier nicht“, sagt er.
„Dann bin ich verloren!“,
jammert Zeisig.
Stockend erzählt er
seine ganze traurige Geschichte.
„So eine Gemeinheit!“, empört sich Bill.
„Bleib doch hier!
Auf der Insel ist Platz genug.“
„Aber die Piraten kommen wieder!“,
schluchzt Zeisig.
„Sie werden uns beide
an die Haie verfüttern.“

„Hm!“ Bill kratzt sich am Kopf. Plötzlich hat er eine Idee. „Grausegrimm wird sich wundern“, ruft er.

„Los! Klettern wir auf eine Palme.“ Der Mond steht schon am Himmel, da kehrt das Piratenschiff zurück.

„He, Zeisig!“,
höhnt Kapitän Grausegrimm.
„Hast du einen Schatz gefunden?“
Statt einer Antwort kracht ihm
eine Kokosnuss vor die Füße.
Vor Schreck macht Grausegrimm
einen Satz.
Schon kommt
die nächste Nuss geflogen.

Noch eine und noch eine,
immer mehr sausen
dem verdutzten Kapitän
um die Ohren.
„Hilfe!“, schreit er
und hüpft wie ein Floh.
„Hilfe! Feindliches Kanonenfeuer!“
Hastig wendet er sein Schiff
und flieht.

„Juhu! Wir haben gesiegt!“,
jubelt Bill.
Dankbar nickt Zeisig
seinem neuen Freund zu.
Auf dieser Insel
gibt es doch einen Schatz.
Und zwar einen besonders netten.
Wie gut, dass Kapitän Grausegrimm
das niemals erfahren wird!

☞ Mit welcher List vertreiben
Zeisig und Bill
den Kapitän Grausegrimm?

Die Befreiung der Prinzessin

Piraten haben
Prinzessin Kunibalde geraubt
und auf die Schwarzfußinsel
verschleppt.
Die arme Prinzessin,
denkt Kapitän Veilchenduft.
Ich muss sie befreien.
Ich heirate sie und werde König.
Leider liegt die Schwarzfußinsel
mitten im Meer der Stürme.
Aber wer König werden will,
darf nicht zimperlich sein.
Veilchenduft sticht sofort in See.
Hohe Wellen schaukeln sein Schiff,
sodass der arme Kapitän
ganz seekrank wird.

Endlich hat er die Insel erreicht.
Er ist gerade vor Anker gegangen,
da packt ihn der Sturm
und pustet ihn von Bord.
Unsanft landet Veilchenduft
am Strand,
genau vor einem Paar
rabenschwarzer Füße.

„Hilfe, Piraten!“,
schreit er erschrocken.
„Blödsinn!“,
sagt eine raue Stimme.
„Ich bin’s nur.
Prinzessin Kunibalde.“
Die schwarzen Füße
gehören einem
großen, starken Mädchen.
Seine Kleider sind zerlumpt
und die Haare zerzaust.
Veilchenduft schüttelt ungläubig
den Kopf.
Prinzessinnen hat er sich
ganz anders vorgestellt.

Aber wer König werden will,
darf nicht wählerisch sein.
„Ich befreie dich
aus den Händen der Piraten“,
verkündet er stolz.
Prinzessin Kunibalde kichert.
„Hier gibt’s gar keine Piraten“,
erklärt sie fröhlich.
„Ich bin von zu Hause ausgerissen.
Im Schloss war es mir
nämlich viel zu langweilig.“
„Was? Keine Piraten?
Aber ich muss dich
trotzdem befreien“,
beharrt Kapitän Veilchenduft.

„Schließlich will ich dich heiraten
und König werden.“
Die Prinzessin tippt sich
an die Stirn.
Sie packt Veilchenduft am Kragen
und verfrachtet ihn
wieder auf sein Schiff.
„Ehe ich dich heirate,
werde ich lieber selber Pirat“,
sagt sie spöttisch.

Beleidigt segelt
Veilchenduft davon.
„So ein Undank!“, brummt er.
„Nein, Prinzessinnen
befreie ich bestimmt nie wieder.“

☞ Ist Prinzessin Kunibalde wirklich
von Piraten geraubt worden?

Die Spukinsel

Schon seit Tagen kreuzt
Kapitän Knolle vor der Spukinsel.
Dort soll es
einen sagenhaften Schatz geben.
Den möchte Knolle zu gern haben.
Aber leider spukt
auf der Insel auch
ein grausiges Gespenst.
Vor dem fürchten sich
sogar die mutigsten Seeleute
und keiner traut sich an Land.
Es ist mitten in der Nacht.
An Bord schlafen alle.
Nur Krabbe, der Schiffsjunge,
hockt oben im Mast und weint.

Auf dem Schiff fühlt er sich nämlich schrecklich einsam.

„Hu, hu, hu, hu!“

Erschrocken legt Krabbe die Hand vor den Mund.

Hat er gerade so laut geheult?

„Hu, hu, hu, hu!“

Nein.

Das Geheul kommt von der Insel.

Dort ist auch jemand traurig.

Ohne lange zu überlegen, lässt Krabbe ein Boot zu Wasser und rudert hin.

Auf einer Kiste hockt
eine kleine grünliche Gestalt.
Die ringt die Hände
und heult herzzerreißend.
„Was hast du denn?“,
fragt Krabbe mitleidig.

Überrascht schaut der Kleine hoch.
„Kommst du etwa
von meinem Schiff, der Windrose?“,
fragt er hoffnungsvoll.
Krabbe schüttelt den Kopf.
„Hu, hu, hu, hu!“,
schluchzt der Kleine.

„Auf der Windrose
war ich Schiffsjunge.
Vor vielen Jahren haben mich
meine Leute hier ausgesetzt,
damit ich auf den Schatz aufpasse.
Leider sind sie
nie mehr zurückgekommen.
Heute bin ich nur
noch ein Gespenst.
Aber ich bin immer noch
schrecklich einsam.
Hu, hu, hu, hu!“
Der Ärmste!
„Ich nehme dich mit!“,
verspricht Krabbe.
„Ehrlich?“
Überglücklich springt das Gespenst
von der Kiste.

„Dafür schenke ich dir den Schatz!"
Krabbe lädt die Kiste ins Boot
und versteckt das Gespenst
unter seinem Hemd.
Im Morgengrauen rudert er
zum Schiff zurück.
Dort sind alle
schon in großer Sorge.
„Wo hast du gesteckt?",
fragt der Kapitän streng.
Aber dann entdeckt er die Kiste.
„Der Schatz!", ruft er begeistert.

Jubelnd holen die Seeleute
Krabbe an Bord
und lassen ihn hochleben.
Müde und glücklich
kriecht Krabbe ins Stroh.
„Schlaf gut!“, flüstert er
dem Gespenst zu.
Aber das schnarcht schon.
Nur ganz leise
und gar nicht grausig.
Davor muss sich wirklich
kein Seemann fürchten.

☞ Warum schenkt das Gespenst
Krabbe einen Schatz?

Rettet Quin Qualle!

„Uaaah!“, gähnt Kapitän Knurrhahn.
Gerade will er sich
ein Mittagsschläfchen gönnen,
da landet die Möwe Alberta
auf der Reling.
Aufgeregt krächzt sie:
„Du musst mir helfen!
Eisenhand und seine fiese Meute
haben die Kokosinsel überfallen.
Sie haben alle Bewohner gefangen,
auch meinen Freund Quin Qualle.“
Sofort ist Kapitän Knurrhahn
wieder hellwach.
„So ein Schuft!“, knurrt er.

Er setzt die Segel
und braust los.
Ungeduldig späht er
durch sein Fernrohr.
Endlich entdeckt er die Insel!
Aber dort tummeln sich Piraten.
Viele Piraten.
Viel zu viele Piraten!

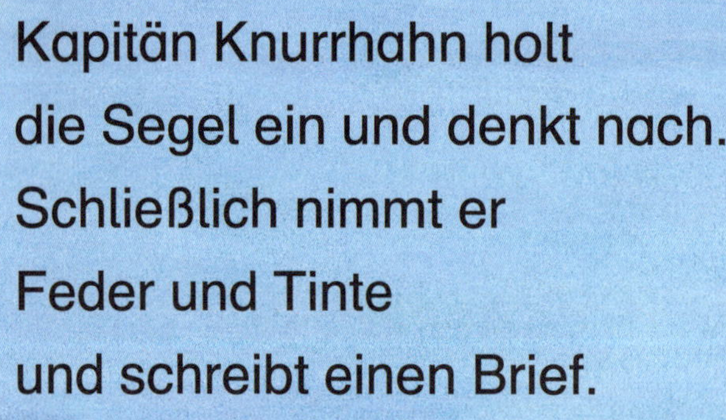

Kapitän Knurrhahn holt
die Segel ein und denkt nach.
Schließlich nimmt er
Feder und Tinte
und schreibt einen Brief.

An Quin Qualle
Kokosinsel
Persönlich!
Streng geheim!

Vergnügt reibt Knurrhahn sich
die Hände und sagt:
„Bitte überbringe diesen Brief!“
„Wenn das mal gut geht“,
seufzt Alberta und fliegt davon.
Kaum hat sie die Insel erreicht,
vertritt Eisenhand ihr den Weg.
„Was hast du da,
du altes Suppenhuhn?“,
fragt er unhöflich.
Schon schnappt er sich den Brief.
„Das ist gegen das Postgeheimnis“,
zetert Alberta.

Aber Eisenhand kümmert sich
nicht darum.
Ratsch, reißt er den Umschlag
auf und liest:
Lieber Qualle,
ich habe auf Kap Hoorn
einen Schatz entdeckt.
Einen Riesenschatz.
Komm und hilf mir beim Tragen.
Viele Grüße
von deinem alten Freund Knurrhahn
„Hahaha!“ Eisenhand lacht gemein.
„Der Dummkopf wird
Hilfe bekommen.
Alle Mann an Bord!
Auf nach Kap Hoorn!“

Kurz darauf ist das Schiff mit den Piraten verschwunden. Endlich kann Kapitän Knurrhahn die Insulaner befreien. Der Jubel ist riesengroß. Nur Alberta hat noch etwas auf dem Herzen. „Schade, dass diese ungehobelten Gesellen einen Schatz bekommen“, seufzt sie.

Aber Kapitän Knurrhahn lacht.
„Den Schatz habe ich mir
doch nur ausgedacht“, sagt er.
„Donnerwetter, bist du schlau!“,
staunt die Möwe.
„Kapitän, du hast dir
eine Belohnung verdient.“
„Wirklich?“, fragt Knurrhahn erfreut.
„Dann wünsche ich mir – uaaah –
ein kleines Mittagsschläfchen.“

☞ Warum segelt der Pirat Eisenhand nach Kap Hoorn?

Abenteuer auf der falschen Insel

Schiffbruch!
Der kleine Schiffsjunge
Fietje Feuerrohr klammert sich
an eine morsche Planke
und treibt hilflos im Wasser.

Endlich kommt eine Insel in Sicht.
Fietje steuert darauf zu
und krabbelt an Land.
Keine Sekunde zu früh,
schon zerbricht die morsche Planke
in tausend Stücke.

Aber was ist das
für eine merkwürdige Insel?
Sie ist über und über
mit feuerroten Schuppen bedeckt.
Dazwischen wachsen
lange schwarze Borsten.
In ihrem Inneren rumort es.
Ob gleich ein Vulkan ausbricht?
Plötzlich taucht
ein riesiger Kopf auf
und zwei Glutaugen starren Fietje an.
Oh nein!

Die Insel ist gar keine Insel.
Fietje ist auf dem Rücken
eines Seeungeheuers gelandet.
Schon reißt es seinen Rachen auf.
Der kleine Schiffsjunge
schlottert vor Angst.
„Warum weckst du mich?“,
fragt das Ungeheuer.
„Entschuldige, ich . . . äh
. . . ich dachte, du bist eine Insel“,
stottert Fietje.

„Eine Insel! Hi, hi, hi, hi!“
Das Seeungeheuer kichert,
dass Fietje fast wieder
ins Meer gepurzelt wäre.
Endlich beruhigt es sich
und schwimmt los.
So schnell, dass Fietje
Hören und Sehen vergeht.
An einem weißen Strand
endet die wilde Fahrt.

„Das ist eine richtige Insel“,
sagt das Seeungeheuer.
„Steig bitte um!
Ich kann nicht schlafen,
wenn du auf
meinem Rücken rumturnst.“
Ganz benommen
geht Fietje Feuerrohr an Land.
„Danke!“, ruft er
und winkt zum Abschied.
„Besuch mich mal wieder,
wenn ich ausgeschlafen bin“,
schlägt das Seeungeheuer vor.
„So ungefähr in hundert Jahren.“

„In hundert Jahren?“, wundert sich Fietje. „Nein, komm doch lieber erst in zweihundert Jahren. Ich bin nämlich wirklich schrecklich müde.“ Mit diesen Worten taucht das Seeungeheuer unter. Nur eine seltsame feuerrote Insel schwimmt noch auf dem Ozean.

☞ Ist denn das Ungeheuer wirklich gefährlich?

Lösungen

Ein besonders netter Schatz
Zeisig und Bill werfen mit Kokosnüssen. Der Kapitän glaubt, dass es Kanonenkugeln sind, und flieht.

Die Befreiung der Prinzessin
Nein, Prinzessin Kunibalde ist von zu Hause ausgerissen.

Die Spukinsel
Krabbe verspricht dem Gespenst, es mitzunehmen. Nun ist das Gespenst nicht mehr allein.

Rettet Quin Qualle!
Der Pirat glaubt, dass es dort einen Riesenschatz gibt. Aber den hat sich Kapitän Knurrhahn nur ausgedacht.

Abenteuer auf der falschen Insel
Nein. Das Seeungeheuer ist sogar sehr nett. Es bringt Fietje zur nächsten richtigen Insel.

Frauke Nahrgang,

geboren in Stadtallendorf, hat sich als Kinderbuchautorin einen Namen gemacht. Sie war Grundschullehrerin und beschäftigt sich schon seit vielen Jahren mit dem Erstleseunterricht.

Dorothee Mahnkopf

wurde 1967 in Berlin geboren. Sie studierte an der Hochschule für Gestaltung in Offenbach Visuelle Kommunikation und verbrachte ein Gastsemester in Rotterdam. Seither arbeitet sie als Illustratorin für Zeitschriften, Schul- und Kinderbuchverlage. Sie lebt mit ihrer Familie in Diez an der Lahn.

Frauke Nahrgang

Piratengeschichten

Mit Fragen zum Leseverständnis

Bilder von Dorothee Mahnkopf

Inhalt

Ein richtiger Held

Mortadella ist Schiffsjunge
auf der Buckligen Berta.
An Bord sind lauter
richtige Piraten.

Mortadella möchte auch
ein richtiger Pirat sein.
Aber bei ihm geht
einfach alles schief.
Einmal kippt Mortadella
einen Sack Schießpulver
in die Mehlkiste.
Von den Mehlklößen
bekommen alle Piraten
Bauchschmerzen.

Einmal zieht Mortadella
die Sonntagshose von Kapitän Koralle
am Mast hoch.
Der Sturm zerfetzt sie
in tausend Stücke.
Einmal wirft Mortadella den Enterhaken
genau in den Po vom Kapitän.

Drei Wochen lang kann
der arme Koralle
nicht mehr richtig sitzen.
Die anderen schimpfen oft
mit Mortadella:
„Du wirst nie ein richtiger Pirat!“
Und Mortadella schämt sich.
Eines Nachts wird Mortadella
plötzlich wach.
Was ist das für ein Radau?
Alle Piraten rennen davon.
Manche klettern auf einen Mast.
Manche verstecken sich.
Manche springen sogar kopfüber
ins Meer.
Komisch!
Kapitän Koralle sieht
noch komischer aus.

Zusammengeschnürt ist er
wie ein Paket.
Neugierig geht Mortadella näher.

„Halt!“, donnert eine Stimme.
Ede Eisenbart!
Der hat das Schiff überfallen
und Kapitän Koralle gefesselt.
Eisenbart ist der gemeinste,
grausamste,
hinterhältigste Pirat
der sieben Weltmeere.
Jeder kennt ihn.
Jeder außer Mortadella.
„Wer bist du?“, fragt Mortadella.
Verdattert starrt Eisenbart ihn an.
So etwas hat er noch nie erlebt.
Denn bei den Piraten
gibt es eine alte Regel:
Wenn einer stärker ist,
wenn er viel stärker ist,
dann nichts wie weg!

Eisenbart ist der Allerstärkste.
Deshalb nehmen immer alle
vor ihm Reißaus.
Nur Mortadella nicht.
Der hat von der Regel
nämlich noch nie gehört.

Freundlich stellt er sich vor:
„Ich bin Schiffsjunge Mortadella!“
Eisenbarts Gehirn arbeitet fieberhaft.
Der Kerl rennt nicht weg, denkt er.
Das kann nur eins bedeuten:
Er ist stärker als ich.
Viel stärker.
Ach, du Schreck!
Eisenbart flüchtet auf sein Schiff.
Er setzt die Segel
und rast davon.
Was hat der bloß?,
wundert sich Mortadella.
Vorsichtig kommen
die anderen Piraten herbei
und befreien Kapitän Koralle.
Der sagt gerührt:
„Mortadella hat mich gerettet!“

Alle Piraten füllen ihre Becher mit Rum
und lassen Mortadella hochleben.
Der versteht kein Wort.
Macht nichts.
Das ist er ja gewohnt.
Er will
mit Kapitän Koralle anstoßen.

Aber dabei kippt er dem Kapitän
den ganzen Rum in den Kragen.
„Mortadella!“, brüllt Koralle.
„Ein richtiger Pirat wirst du nie!“
Mortadella schämt sich.
Da lacht Kapitän Koralle und sagt:
„Dafür bist du ein richtiger Held!“
Damit ist Mortadella sehr zufrieden.
Eigentlich wollte er ja
ein richtiger Pirat werden.
Aber ein richtiger Held
ist sicher auch nicht übel.

☞ Warum flüchtet Eisenbart vor Mortadella?

Piratenschatz

Der Pirat Jako macht
ein Mittagsschläfchen.
„Steh endlich auf,
und suche einen Schatz!“,
krächzt der Papagei Quasselschnabel.
Jako blinzelt unwillig.
„Sei still, Quasselschnabel!“,
murmelt er.

Aber der Papagei denkt nicht daran.
„Andere Piraten finden
jeden Tag Schätze“, nörgelt er.
„Sie sind reich
und fahren auf schicken Schiffen.
Unser Schiff ist nur ein Schrottkahn.
Und du bist ein Faulpelz.“
Jako wird wütend.
„Halt endlich den Schnabel,
du alte Krähe!“, brüllt er.
Beleidigt sträubt Quasselschnabel
sein Gefieder.
Ohne ein Wort fliegt er davon.
Na endlich!
Jako macht die Augen zu.
Aber er kann nicht mehr einschlafen.
Sie gehören doch zusammen,
Quasselschnabel und Jako.

OZEAN

Und nun ist Quasselschnabel weg.
„Quasselschnabel! Bitte komm zurück!"
Jako ruft und schreit und bettelt.
Aber es nützt nichts.
Jako will gerade losheulen,
da hört er ein Geräusch.
Quasselschnabel?
Nein!
Feindliche Piraten
überfallen das Schiff.
Der Kapitän zeigt auf Jako
und kommandiert: „Packt ihn!"
Jako wird vor Angst
ganz schwarz vor Augen.
Plötzlich dröhnt eine Stimme
übers Meer: „Achtung! Achtung!
Ein Goldschatz
auf der Dracheninsel!"

Jako stutzt.
Diese Stimme kennt er doch!
Quasselschnabel!
Hoch über dem Mast kreist er.
Die Piraten sehen ihn nicht.
Dazu sind sie viel zu aufgeregt.
„Ein Schatz!“, ruft der Kapitän.
„Los, Männer, den holen wir uns.“

Alle springen auf ihr Schiff
und brausen davon.
Quasselschnabel landet
vor Jakos Füßen.
„Dich kann man
nicht eine Minute allein lassen“,
sagt er zur Begrüßung.
„Schön, dass du wieder da bist“,
freut sich Jako.
„Der Schatz auf der Dracheninsel
war meine Rettung.
Woher wusstest du davon?“
Quasselschnabel kichert.
„Aber das war doch nur ein Trick!“,
erklärt er.
„Donnerwetter!“
Jako schaut Quasselschnabel
bewundernd an.

„Du bist wirklich mächtig schlau.“
Stolz spreizt Quasselschnabel
seine Schwanzfedern.
„Sogar noch schlauer!“, erklärt er.
„Ich habe nämlich eben
eine richtige Schatzinsel entdeckt.
Lass uns gleich hinsegeln!“

Jako winkt ab.
„Das hat Zeit bis morgen."
„Morgen! Morgen!",
zetert Quasselschnabel.
„Warum nicht heute?"
„Weil ich heute schon
einen Schatz gefunden habe",
behauptet Jako.
„Das glaub ich nicht!"
Quasselschnabel verzieht misstrauisch
den Schnabel.
„Doch!"

Jako nimmt den Papagei
zärtlich in den Arm.
„Dich habe ich gefunden,
du alte Krähe.
Du bist doch der allerliebste Schatz.“
„Also, wenn das so ist …“,
krächzt Quasselschnabel gerührt.
„Dann verschieben wir die Arbeit
ausnahmsweise auf morgen.“

☞ Welchen Schatz findet Jako?

Ein Küsschen für Kapitän Karamba

Wütend boxt Jo mit der Kokospalme.
Es regnet Kokosnüsse.
Eine fällt Amanda, dem Seeungeheuer,
genau auf den Kopf.
„Spinnst du?“,
beschwert sich Amanda.
„Entschuldige, Amanda.
Aber ich bin sauer.
Die anderen Piraten
sind alle auf Kaperfahrt.
Nur ich bin dafür noch zu klein,
findet Kapitän Karamba.“
Amanda denkt angestrengt nach.
Jo ist ein Freund.

Sie möchte ihm helfen.
„Du musst ihm beweisen,
dass du schon groß bist“, sagt sie.
„Du musst gegen ein gefährliches
Seeungeheuer kämpfen.“
„Ich kenne kein gefährliches
Seeungeheuer“, mault Jo.
Amanda kichert.
„Du wirst bald eins kennenlernen.“
Da kehrt das Piratenschiff zurück.
Amanda stürzt sich darauf
und hebt es in die Luft
wie Spielzeug.
Den Piraten vergeht
Hören und Sehen.
Amanda spuckt Feuer und Schwefel,
dann wirft sie das Schiff
auf die Pirateninsel.

„Nichts wie weg, Männer!“,
kommandiert Kapitän Karamba.
Schreiend flüchten alle.
Nur Jo nicht.
„Du musst gegen mich kämpfen“,
flüstert Amanda.
Jo pikst mit dem Schwert
vorsichtig in Amandas Bauch.
„Pass doch auf!“, prustet Amanda.

„Ich bin kitzlig!
Und jetzt musst du mich fesseln!“
Bald ist das Ungeheuer verschnürt,
von der Schnauze bis zu den Krallen.
Ungläubig kommen die Piraten zurück.
Kapitän Karamba fasst sich als Erster.
Er zieht sein Schwert und verkündet:
„Ich werde die Bestie töten!“
Was? Töten?
Jo kriegt einen Riesenschreck.
„Halt!“, schreit er und stellt sich
Kapitän Karamba in den Weg.
Der läuft vor Zorn rot an.
„Das wagst du?“, fragt er drohend.
Jo schlottern die Knie.
Aber es geht um Amandas Leben.
„Amanda ist keine Bestie!“, sagt er.
„Sie ist meine Freundin.“

„Machst du Scherze mit mir?“,
brüllt Kapitän Karamba.
„Nein. Es ist doch nur,
weil ich mit auf Kaperfahrt will.
Da hat sich Amanda
etwas ausgedacht.“
Stockend erzählt Jo
die ganze Geschichte.
Für einen Moment ist es still.

Aber plötzlich
fängt Kapitän Karamba an zu lachen.
Er lacht, dass die Insel wackelt
wie bei einem Seebeben.
„Du bist wirklich mutig, Kleiner!“,
sagt er. „Mir zu widersprechen,
das hat bisher noch niemand gewagt.

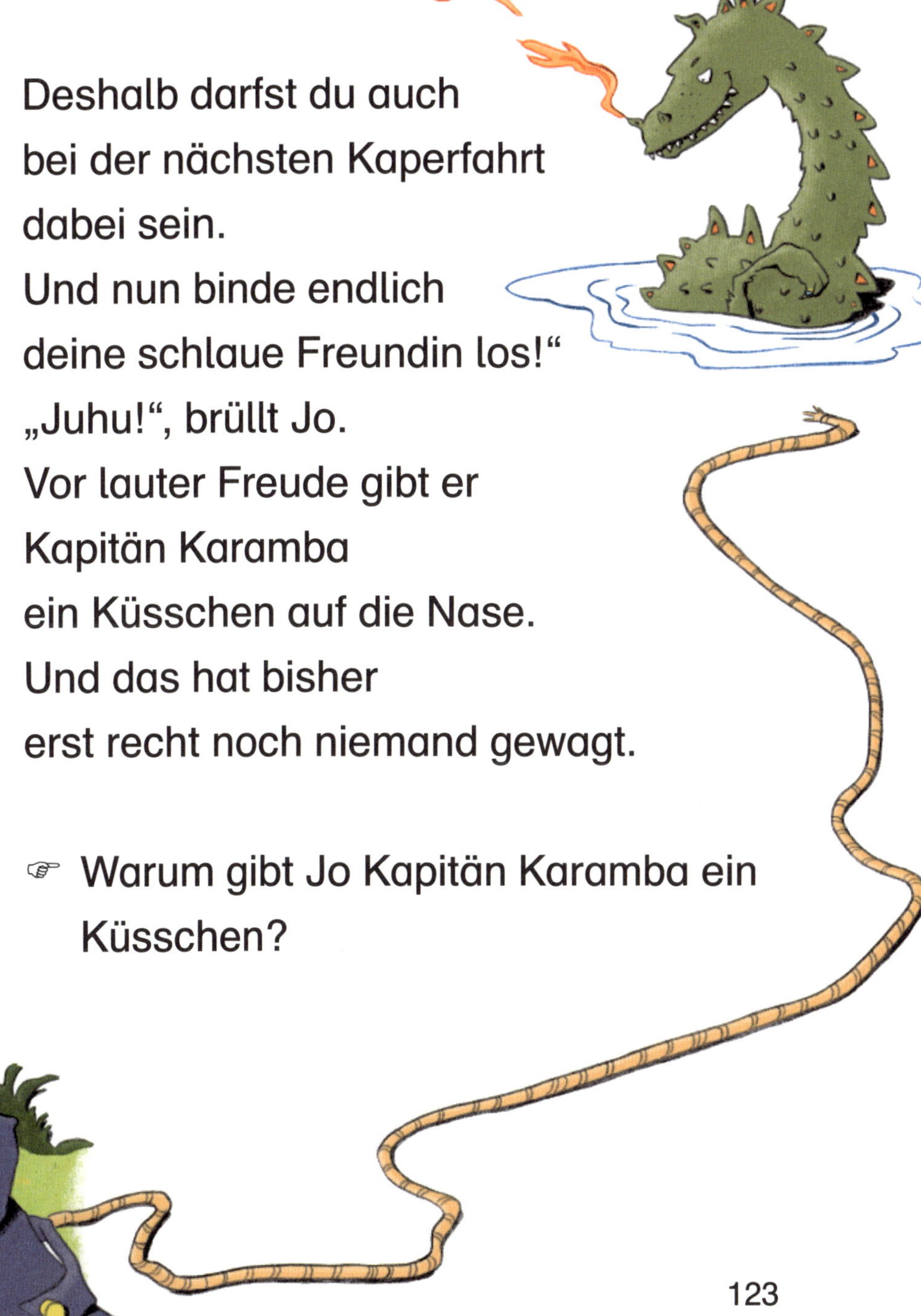

Deshalb darfst du auch
bei der nächsten Kaperfahrt
dabei sein.
Und nun binde endlich
deine schlaue Freundin los!“
„Juhu!“, brüllt Jo.
Vor lauter Freude gibt er
Kapitän Karamba
ein Küsschen auf die Nase.
Und das hat bisher
erst recht noch niemand gewagt.

☞ Warum gibt Jo Kapitän Karamba ein Küsschen?

Piratenhunger

Max Grünbein war
der gefährlichste Pirat
der ganzen Südsee.
Halt, das stimmt nicht.
Eigentlich war Max ganz lieb.
Nur wenn er Hunger hatte,
wurde er schrecklich böse.
Meistens hatte er Hunger.
Denn Max Grünbein war arm
wie eine Kerker-Maus.
Aber Max hatte einen Plan.
Er wollte das Schiff von
Kaufmann Goldknopf überfallen.
Goldknopf war stinkreich.

Max verfolgte Goldknopfs Schiff
durch die ganze Südsee.
Dabei musste er
mit vielen Gefahren fertig werden:
mit einem ganzen Rudel Haifische.
Mit einem Riesen-Eisberg.
Sogar mit einem Orkan.
Aber endlich war es so weit.
Goldknopfs Schiff war
zum Greifen nah.
Plötzlich hörte Max
einen mächtigen Radau.
Was war los?
Gerade wollte ein anderer Pirat
Kaufmann Goldknopf überfallen.
Der schrie und zappelte um sein Leben.
„He! Goldknopf gehört mir!“,
rief Max empört.

Er packte den Schurken
und schüttelte ihn durch,
bis er um Gnade wimmerte.
„Lass dich hier nie wieder blicken!“,
brüllte Max.
„Bestimmt nicht! Ganz bestimmt nicht!“
So schnell er konnte,
segelte der Pirat davon.
„Und nun zu dir!“, sagte Max.

Goldknopf zitterte wie Espenlaub.
Ganz fest drückte er Max die Hand.
„Du … du hast mich gerettet“,
stotterte er.
„Nein, nein!“, protestierte Max.
„Das ist ein Missverständnis!“
Aber Goldknopf hörte nicht auf ihn.
„Du hast eine Belohnung verdient“,
fuhr er fort.
„Wünsch dir was!“
„Aber ich wollte doch …“,
sagte Max verwirrt.
In dem Augenblick knurrte sein Magen
laut und gebieterisch.
„Na gut, na gut.
Ich wünsche mir Knödel.
Und Pfannkuchen. Bratwurst.
Krautkopf. Dicke Bohnen …“

Da trug der Koch auch schon
die ersten Speisen auf.
Hm, wie lecker!
Max futterte und futterte.
Noch nie hatte er
so etwas Gutes bekommen.
Und noch nie war er
so herrlich satt geworden.

„Bleib bei mir“,
bat Kaufmann Goldknopf.
„Überall in der Südsee
gibt es gefährliche Piraten.
Ich brauche jemanden,
der mich beschützt.“
Max befühlte noch einmal
seinen Bauch.
Dann nahm er das Angebot an.
Seither fährt er
mit Kaufmann Goldknopf
durch die Südsee.
Niemand wagt es mehr,
das Schiff zu überfallen.
Denn alle Piraten fürchten sich
vor Max Grünbein.
Dabei ist der
gar nicht mehr gefährlich.

Er hat immer genug zu essen.
Und deshalb ist er jetzt der liebste,
der allerliebste Pirat der Südsee.
Aber zum Glück weiß das niemand.
Niemand außer Kaufmann Goldknopf.
Und der verrät es natürlich nicht.

☞ Warum bleibt Max beim Kaufmann Goldknopf?

Lösungen

Ein richtiger Held

Eisenbart flüchtet, weil Mortadella keine Angst hat und deshalb stärker ist.

Piratenschatz

Jako findet seinen Papagei Quasselschnabel.

Kapitän Karamba

Jo gibt dem Kapitän ein Küsschen, weil er bei der nächsten Kaperfahrt dabei sein darf.

Piratenhunger

Max bleibt beim Kaufmann Goldknopf, weil er dort immer genug zu essen hat.

Der Igel
978-3-401-71724-1

Die Honigbiene
978-3-401-71773-9

Der Fuchs
978-3-401-71722-7

Die Eulen
978-3-401-71774-6

Jeder Band: Ab 6 Jahren • Sachwissen für Erstleser • Durchgehend farbig illustriert • Gebunden • Format 15,9 x 21,1 cm

Sehr einfache Textgliederung

…ße Fibelschrift
…d kurze Zeilen

Viele farbige Bilder

Innenseite aus »Die Wildkatze«
ISBN 978-3-401-71573-5